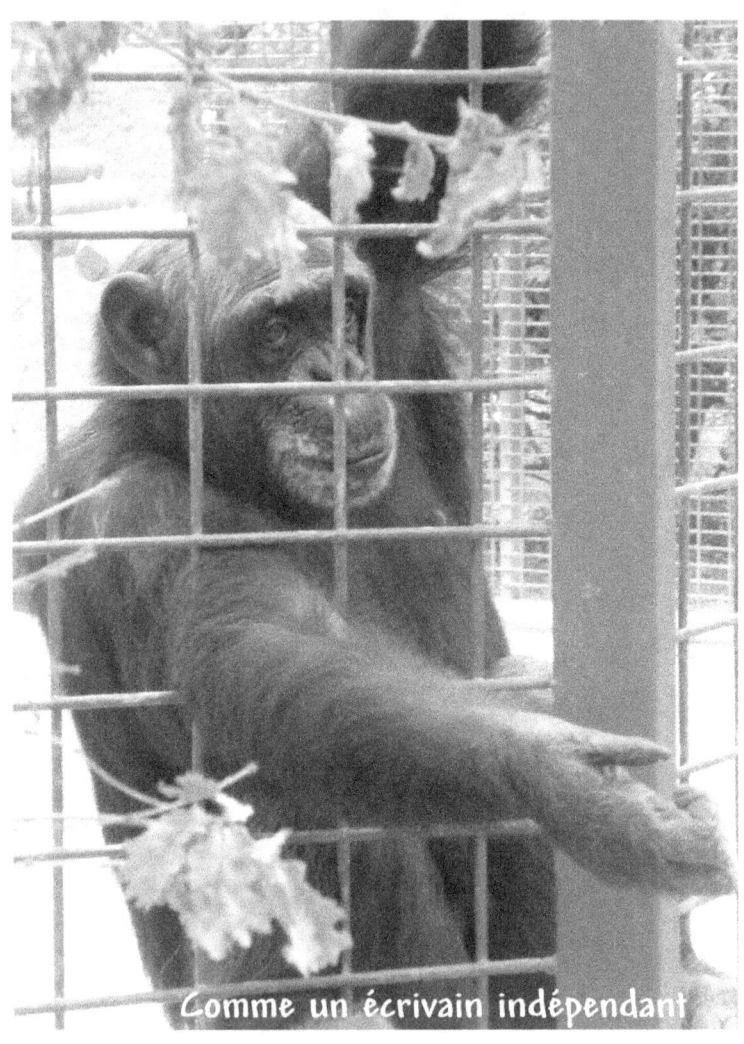
Comme un écrivain indépendant

Lettre adressée aux écrivains français du XIXe siècle par Honoré de Balzac

Lettre aux écrivains français du XXIe siècle par Stéphane Ternoise

Du même auteur*

Romans

Le Roman de la Révolution Numérique
La Faute à Souchon : (Le roman du show-biz et de la sagesse)
Quand les familles sans toit sont entrées dans les maisons fermées
Liberté j'ignorais tant de Toi (Libertés d'avant l'an 2000)
Viré, viré, viré, même viré du Rmi !
Ils ne sont pas intervenus (Peut-être un roman autobiographique)

Théâtre

Neuf femmes et la star
Les secrets de maître Pierre, notaire de campagne
Ça magouille aux assurances
Chanteur, écrivain : même cirque
Deux sœurs et un contrôle fiscal
Amour, sud et chansons
Pourquoi est-il venu :
Aventures d'écrivains régionaux
Avant les élections présidentielles
Scènes de campagne, scènes du Quercy
Blaise Pascal serait webmaster
Trois femmes et un Amour
J'avais 25 ans
« Révélations » sur « les apparitions d'Astaffort » Brel Cabrel

Théâtre pour troupes d'enfants

La fille aux 200 doudous
Les filles en profitent
Révélations sur la disparition du père Noël
Le lion l'autruche et le renard,
Mertilou prépare l'été
Nous n'irons plus au restaurant

* Stéphane Ternoise, extrait du catalogue, voir page 61

Honoré de Balzac
Stéphane Ternoise

Lettre adressée aux écrivains français du XIXe siècle par Honoré de Balzac

Lettre aux écrivains français du XXIe siècle par Stéphane Ternoise

http://www.ecrit.org

Sortie numérique : 8 octobre 2012
**Edition revue et actualisée en mars 2014.
Disponible en numérique et en papier.**

Jean-Luc PETIT Editeur - collection Documents

Stéphane Ternoise versant essayiste :

http://www.**essayiste**.net

Tout simplement et logiquement !...

Tous droits de traduction, de reproduction, d'utilisation, d'interprétation et d'adaptation réservés pour tous pays, pour toutes planètes, pour tous univers.

Site officiel : http://www.ecrivain.pro

© **Jean-Luc PETIT - BP 17
46800 Montcuq – France**

Honoré de Balzac
Stéphane Ternoise

Lettre adressée aux écrivains français du XIXe siècle par Honoré de Balzac

Lettre aux écrivains français du XXIe siècle par Stéphane Ternoise

La *lettre adressée aux écrivains français du XIXe siècle* par Honoré de Balzac, commentée par Stéphane Ternoise et la *Lettre aux écrivains français du XXIe siècle*, aussi appelée *Le manifeste de l'auto-édition*.

Si de nombreux documents font référence à cette lettre de Balzac, publiée dans la *Revue de Paris* en 1834, détonateur ayant permis la création de la SGDL, société des gens de lettres, ce texte était devenu quasiment introuvable en 2012. Pourquoi ? Trop de passages politiquement incorrects ? Trop de travers politiques dénoncés et pourtant encore actuels ?

Le manifeste de l'auto-édition (http://www.auto-edition.pro) contient, avec cette *"lettre"* une longue présentation de l'édition en France, une analyse des perspectives possibles et souhaitables. Il nous a semblé intéressant de proposer à un tarif symbolique, ces deux lettres, afin d'essayer de leur assurer une audience plus importante et la possibilité d'une résonance amplifiée...

Un livre numérique de la collection *documents* du portail http://www.ecrit.org de Stéphane Ternoise. Proposé depuis mars 2014 également en papier...

I

Lettre adressée aux écrivains français du XIXe siècle par Honoré de Balzac

Publiée dans la Revue de Paris, en 1834 (tome onzième), page 62 à 82.

[Entre crochets, les remarques de Stéphane Ternoise, Balzac utilisant les parenthèses. Il aborde déjà "la question financière" dans un texte dont "on" aime citer le titre comme origine du mouvement menant à la création de la SGDL mais quasi introuvable. Peut-être pour ses propos désormais considérés "inappropriés", politiquement incorrects, sur notre cher symbole "la révolution française" ?
Si la réalité historique a changé, les mêmes mécanismes agissent, interagissent et les écrivains d'aujourd'hui doivent mener leurs combats pour se libérer d'un système créé par les éditeurs, pour les éditeurs.
Presque deux cents ans plus tard, il convient de nouveau d'écrire « *notre crise littéraire dont nous allons voir ici les principales causes... Savez-vous pourquoi nous jetons cet anathème à notre pays ?...* » Ce texte eut le mérite d'ouvrir un débat. C'était même son but. C'est aujourd'hui le mien avec ce manifeste.]

PRO ARIS ET FOCIS [locution latine signifiant : combattre... pour ses autels et ses foyers]

LETTRE ADRESSEE

AUX

ÉCRIVAINS FRANÇAIS DU XIXe SIÈCLE.

Paris, 1er novembre 1834.

Messieurs,

De grandes questions d'intérêt général et d'intérêt personnel se sont émues dans la République des lettres ; chacun de vous les connaît, en parle dans l'intimité ; mais personne n'ose ni se plaindre publiquement, ni proposer un remède à nos maux. [j'imagine de même les conversations de nos auteurs inféodés au système traditionnel depuis des décennies et se demandant s'il va tenir ou s'ils doivent quitter le radeau] Cependant plus nous allons, plus le mal s'agrandit, plus nos intérêts privés souffrent ; quand nous souffrons, nous avons le malheur de ne pas souffrir seuls ; la pensée d'un pays est tout le pays. Voila ce que le pays devrait savoir. [Désormais, quand les footballeurs souffrent le pays souffre, ou sourit, mais qui se soucie des écrivains ?] Aujourd'hui l'écrivain, ne voulant rien devoir qu'à lui-même, est forcé de s'occuper de ses intérêts, et ses intérêts touchent à ceux de la librairie française qui expire. [La librairie française expirait déjà en 1834 ; elle a donc ressuscité... de nombreuses fois... et le numérique lui offrira un second souffle...] Jamais il ne fut donc plus nécessaire qu'une voix s'élevât, qu'un homme parlât pour notre *citta dolente*, comme autrefois Beaumarchais parla pour les auteurs dramatiques, dont il fit consacrer les droits. Nous n'avons, pour prendre la parole, d'autre titre que la nécessité même où nous sommes. [Comme les écrivains de la Cinquième République... même si certains leur font croire qu'ils devraient s'adonner à une activité plus rémunératrice et continuer d'écrire le soir et les jours de repos... Mais des écrivains osent se croire dans la nécessité de vivre de leur plume *ici et maintenant* donc de réformer le monde de l'édition.] Aussi chacun de vous excusera-t-il les fautes de la précipitation, en pardonnant le style du manifeste rédigé en hâte par un homme aux travaux duquel les jours ne suffisent pas. [Ne vous excusez pas monsieur Balzac, *le style du manifeste rédigé en hâte par un homme aux travaux duquel les* jours ne suffisent pas, je reprends même votre formule]

À nulle époque, l'artiste ne fut moins protégé. Nul siècle n'a eu de masses plus intelligentes, en aucun temps la pensée n'a été si puissante ; jamais l'artiste n'a été individuellement si peu de chose. La révolution française, qui se leva pour faire reconnaître tant de droits méconnus, vous a plongés sous l'empire d'une loi barbare. Elle a déclaré vos œuvres propriétés publiques, comme si elle eût prévu que la littérature et les arts allaient émigrer. Certes, il existe une grande idée dans cette loi. Sans doute il était beau de voir la société dire au génie : - Tu nous enrichiras, et tu resteras pauvre. Ainsi les choses allaient-elles depuis longtemps ; mais depuis longtemps aussi, les rois ou les peuples se permettaient des ovations et des honneurs tardifs que la révolution n'admettait point pour les hommes supérieurs. [Peut-être la raison du grand silence sur ce texte réside dans cette pensée sur la révolution] Les triomphes destinés au génie étaient l'échafaud ; elle les décerna, vous le savez, à l'un des plus grands poètes de la France, à André Chénier, comme à Lavoisier, comme à Malesherbes. La presse, alors si libre, était muette [la presse libre muette, ah ! Honoré, si tu vivais nos belles années de presse libre].

Terrible leçon qui nous prouve qu'il ne faut pas seulement des institutions aux peuples, mais des mœurs. Des mœurs ! est le grand cri de Rousseau.

Ainsi, messieurs, vous poètes, vous musiciens, vous dramatistes, vous prosateurs, tout ce qui vit par la pensée, tout ce qui travaille pour la gloire du pays, tout ce qui doit pétrir le siècle ; et ceux qui s'élancent du sein de la misère pour aller respirer au soleil de la gloire, et ceux qui, timides en leur vol, doutent et meurent, pauvres enfants chargés d'illusions ! Et ceux qui, pleins de volonté, triomphent ; tous sont déclarés inhabiles à se succéder à eux-mêmes. LA LOI, pleine de respect pour les ballots du marchand, pour les écus acquis par un travail en quelque sorte matériel, et souvent à force d'infamie, LA LOI protège la terre, elle protège la maison du prolétaire qui a sué ; elle confisque l'ouvrage du poète qui a pensé. S'il est au monde une propriété sacrée, s'il est quelque chose qui puisse appartenir à l'homme, n'est-ce pas ce que l'homme crée entre le ciel et la terre, ce qui n'a de racine que dans l'intelligence, et qui fleurit dans tous les cœurs. Les lois divines et humaines, les humbles lois du bon sens, toutes les lois sont pour nous ; il a fallu les suspendre toutes pour nous dépouiller. Nous apportons à un pays des trésors qu'il n'aurait

pas, des trésors indépendants et du sol et des transactions sociales ; et, pour prix du plus exorbitant de tous les labeurs, le pays en confisque les produits. Il voit sans honte les descendants de Corneille, tous pauvres, autour de la statue de Corneille qui a inféodé des richesses dans toutes les granges, qui enfante des récoltes qu'aucune intempérie ne menace, qui, d'âge en âge, enrichira des comédiens, des libraires, des papetiers, des relieurs et des commentateurs. [Et il en va encore ainsi ! Même que les troupes préfèrent jouer du Corneille plutôt que de payer des droits d'auteur à Ternoise] Répétez ce spectacle pour tous vos génies, villes pleines de pitié pour ceux qui ne souffrent plus ! répétez-le chaque jour, vous n'en penserez pas plus à sauver ceux qui souffrent !
L'exhérédation [l'action d'exclure un ou des héritiers de la succession, de le(s) déshériter] a un côté odieux que personne n'a encore fait ressortir ; des plumes éloquentes s'en empareront, nous ne ferons que l'indiquer. Messieurs, ici je m'adresse à vous, peuple intelligent pour qui certaines idées n'ont qu'une face, et qui les admettez alors sans discussion ? Beaucoup de grands génies ont devancé les siècles, quelques talents devancent seulement les années. Hier le soleil s'est levé pour Vico, demain il se lèvera pour Ballanche. Peu d'hommes, comme Voltaire et

Chateaubriand, peuvent voir, eussent dit nos pères, *soleiller* leur gloire de leur vivant. Le siècle de Louis XIV, dont le public était restreint et choisi, fut néanmoins d'une souveraine injustice pour ses grands hommes. Pendant seize ans, Racine a brisé sa plume. Nul, dans le grand siècle, ne se douta de la gloire de Perrault, dont nous admirons aujourd'hui la naïveté conteuse. Aucun ne devina la vaste et sublime épigramme, l'audacieuse épigramme de La Fontaine à Louis XIV dans la fable des *Noces du Soleil* ; le bonhomme, enhardi, put crier sans être mis à la Bastille : *Notre ennemi, c'est notre maître !* Dans le siècle précédent, où la masse lisante et intelligente s'accrut, si Montesquieu n'avait pas été riche, l'*Esprit des Lois* l'eût laissé pauvre ; il aurait été obligé de faire des *Lettres persanes* pour vivre. Je ne vous raconterai pas les infortunes de *Paul et Virginie*, refusé de porte en porte, ni la première édition du *Génie du Christianisme*, osée par les frères Ballanche : là du moins le génie croyait au génie. Le début est un premier malheur que vous avez tous plus ou moins éprouvé, une plaie que vous guérirez sans doute. Les vraies supériorités ne doivent être ni haineuses, ni envieuses. Eh bien ! messieurs, la loi sous l'empire de laquelle nous mourons ravit à la famille du penseur, du poète, du dramatiste, expirés de misère, son

traité, sa poésie, son livre, sa comédie, son drame, au moment où le jour du succès vient reluire. La loi les lui ravit d'une main pour les donner de l'autre... À qui ? Les sauvages en riraient ! Devons-nous le publier? Oui, ceci ne restera pas. Eh bien ! La loi les donne aux libraires ! [Si tu savais Honoré, combien nos libraires et éditeurs se sont enrichis avec tes œuvres devenues libres de droits...] Un homme de talent n'a pas, dans son agonie, cette pensée consolante : -« Si je meurs, du moins mes enfants, ma famille, les miens, vivront heureux par ma gloire !» [Mon pauvre Honoré, comme elle dut être terrible, ton agonie, avec ce que tu entendais de la pièce d'à côté...] Les hommes ont perpétué la richesse pour les aînés des grandes familles, pour les cadets de la banque ; ils ont stipulé l'hérédité de la sueur ; ils ont déshérité les veilles et le cerveau. Jadis rien n'était fixé sur ces successions immortelles ; mais les rois avaient un palais dans leur palais, un trésor dans leur trésor, pour les princes de la parole, qu'ils faisaient marcher dans leur pourpre, qu'ils aimaient à ceindre de leurs bandeaux.
Aujourd'hui Rodolphe de Hapsbourg a la prison dure pour Pellico. Aujourd'hui le roi de Prusse, les empereurs de Russie, renient les traditions de Catherine et de Frédéric. Aujourd'hui la France paie des hommes noirs pour épier la pensée, pour la timbrer. Enfin

l'héritier du dix-huitième siècle et de la révolution, le *présomptif* de la presse, continue ce métier après juillet, dans les ruines encore fumantes de la monarchie qui s'est abattue en voulant refaire le monde intellectuel, le monde moral, le monde religieux, le monde politique, par une compression calculée de la pensée, faute de pouvoir gouverner en marchant avec la pensée. Messieurs d'hier, qui vous a fait rois ? L'intelligence est une plus haute dame que le comte de Tours n'était grand, songez-y ! La pensée vient de Dieu, elle y retourne ; elle est située plus haut que ne sont les rois ; elle les fait et les défait. Napoléon, qui en tout fit quelque chose de grand, avait institué des prix décennaux. Où sont les prix décennaux ? Nous sommes dépouillés dans l'avenir par la révolution ; et les vrais rois, les rois qui trônaient assez longtemps pour penser à nous dans le présent, ces rois s'en sont allés [Balzac regrettant la monarchie... les nouveaux hommes au pouvoir ressemblaient donc à nos politiques, prompts à soutenir le commerce des marchands contre les créateurs ?] Jules II manque à Raphaël. Nous avons les chambres. Oh ! messieurs, les chambres qui, au lieu d'un plafond de Ingres, veulent des nuages au-dessus de leurs têtes, ces chambres ne vous ont-elles pas dit cent fois *Raca* ? L'Académie, seul corps littéraire constitué, est inhabile à prendre notre défense [comme la SGDL aujourd'hui !] ; elle ne peut délibérer, elle ne doit agir que sur les mots. Ceci nous conduit à vous faire observer que nous ne devons jamais compter ni sur les chambres ni sur l'Académie. [comme aujourd'hui !] La loi n'est pas seulement athée, elle est sans cœur. La maladie de l'époque est l'absence du cœur en politique. [comme aujourd'hui ?] Beaucoup de lois fiscales, beaucoup de lois pénales, point d'institutions ; puis aucune intelligence pour saisir la différence qui existe entre des institutions et des lois. N'y comptez pas ; non, nulle voix ne dominera ce concert de médiocrités choyées par le pouvoir, triées sur le volet par les arrondissements qui tiennent à être représentés. Parlons donc capital, parlons argent ! Matérialisons, chiffrons la pensée dans un siècle qui s'enorgueillit d'être le siècle des idées positives ! L'écrivain n'arrive à rien sans des études immenses qui représentent un capital de temps ou d'argent [Ah bon ! On ne devient pas écrivain en s'amusant ! Ce n'est donc pas un métier facile ?!] ; le temps vaut l'argent, il l'engendre. Son savoir est donc une chose avant d'être une *formule*, son drame est une *coûteuse expérience* avant d'être une *émotion* publique. Ses créations sont un trésor, le plus grand de tous ; il produit sans cesse, il rapporte des jouissances et met en œuvre des capitaux ; il fait tourner des usines. Ceci est méconnu. Notre pays, qui veille avec un soin scrupuleux aux machines, aux blés, aux soies et aux cotons, n'a pas d'oreilles, n'a pas d'yeux, n'a pas de mains, dès qu'il s'agit de ses trésors intellectuels. Messieurs, notre exhérédation est infâme ; mais ne croyez pas que notre exhérédation soit la plus grande des plaies de la pensée. Il en est une autre plus hideuse, et dont ne rougissent ni l'Europe ni la France, intellectuellement plus grande que l'Europe, et qui ne la défendra pas contre la barbarie par ses amies seulement, mais aussi par ses écrits. La France désormais se battra d'une main, elle écrira de l'autre. Ecoutez. Un marchand envoie-t-il une balle de coton du Havre à Saint-Pétersbourg, si quelque mendiant monté sur une barque y touche, ce mendiant est pendu. Pour obtenir un libre passage en tout pays à ce ballot, à ce sucre, à ce papier blanc, à ce vin, l'Europe entière a créé un droit commun. Ses vaisseaux, ses canons, sa marine, ses marins, toutes ses forces, sont aux ordres du ballot. Si quelque vaisseau marchand est pris, l'alarme est générale ; on court sus au pirate ; bientôt il est pris, il est pendu. Jusqu'à présent la poésie seule a versé des larmes sur le sort d'un homme pour qui, si son drame tombe, le sifflet est une corde au bout d'une vergue.

Mais un livre paraît-il ? Oh ! Le livre est traité comme on traite le pirate. On court sus au livre ; il est avidement recherché, il est saisi dans ses langes, dans ses épreuves ; il est plus tôt contrefait qu'il n'est fait ; le pirate a son génie pour échapper au supplice, le génie dont le livre est empreint sert à le faire découvrir à ses bourreaux. L'Allemagne, l'Italie, l'Angleterre, la France, avancent une main avide sur le livre ; car cette baraterie étant générale, la France a été obligée d'imiter les autres pays. Ainsi pour le difficile produit de l'intelligence, le droit commun est suspendu en Europe, comme en France le Code est suspendu pour l'auteur.

Si notre voix pouvait avoir plus d'étendue, si les masses intelligentes de l'avenir nous entendaient, il n'y aurait qu'un cri sur cette plainte ; de toutes parts on nous crierait : - Mais le pays vous protège, au moins. - Non ! Le pays s'émeut pour ses forgerons, il tremble pour ses vignerons, il pleure comme une mère pleurerait sur ses enfants malades, à propos de ses cotons filés ; et pour choyer ses forgerons et ses industriels, le pays a des douanes, un encouragement donné au statu quo, à la routine en industrie. Ainsi, dans sa sollicitude, le pays est intelligent pour ce qui est matériel ; il est insensible pour tout ce qui est intelligent : ce pays est la France. Oui, messieurs, sachez-le bien, *le tiers* de la

France se fournit de contrefaçons faites à l'étranger. L'étranger le plus odieusement, le plus ignoblement voleur, est notre voisin, notre soi-disant ami, le peuple pour qui nous avons donné ces jours-ci notre sang, nos trésors, à qui nous cédons nos hommes de talent et de courage, et qui, pour nous remercier, a un avoir dans le compte de nos suicides, car ses vols, faits loin de nous, se changent ici en assassinats. Quand le pauvre libraire français vend à grand'peine un de vos livres à un millier de misérables cabinets littéraires, qui tuent notre littérature ; le Belge, lui, en vend deux milliers au rabais à la riche aristocratie européenne. Et quelques jeunes gens élégants, amis des lettres, montrent en triomphe, au retour de leur voyage, les œuvres complètes de Victor Hugo achetées pour 6 francs. Le journal qui accueille cette lettre compte plus d'abonnés à sa contrefaçon qu'il n'en a lui-même. Notre pays a des douanes ! À quoi servent les douanes ? Quelle plaisanterie sont les douanes ! S'il est une chose dont il soit facile d'interdire l'introduction, ne sont-ce pas les ballots de librairie ? Hé bien ! Allez sur toutes nos frontières, et demandez vous-mêmes vos œuvres ; vous les trouverez dans le domaine public, comme si vous étiez déjà mort. Mais ceci n'est rien. Récemment un grand écrivain publie un livre (ici je prends le fait purement et simplement), M. de La Mennais laisse échapper les *Paroles d'un croyant*. Dix mille exemplaires s'en vendent dans le midi, où le libraire n'en avait pas envoyé cinq cents. L'ouvrage est contrefait à Toulouse. Le libraire l'apprend, il y court. Mais arrivé dans ce pays, situé d'ailleurs en France, il lui est impossible d'obtenir réparation, soit que l'auteur ostensible du vol ait été ce que l'on appelle un homme de paille, soit que les preuves aient été anéanties. Ah ! Si c'eût été quelque pamphlet, avec quel zèle la société qui aboutit à un procureur du roi, eût volé, dans la personne de ce procureur du roi, sur les traces du crime, eût convoqué ses alguazils, comparé les caractères du livre contrefait avec ceux du livre appartenant à M. de La Mennais, cherché le fondeur : - À qui avez-vous vendu ces caractères ? Et alors, allant de presse en presse, les tribunaux eussent trouvé un homme à faire pourrir dans un cachot, sur la foi d'un a bas de casse ou d'un *N* italique mal fondus. Dans ce vol, cependant, se rencontrent toutes les circonstances qui envoient un homme aux galères, s'il volait un sac d'or. Hé bien ! Dix mille exemplaires des *Paroles d'un croyant* sont vingt mille francs. Un pamphlet eût allumé la bile des parquets, un nouvel *Esprit des Lois* n'eût pas obtenu d'eux une plumée d'encre. La loi qualifie de délit ce vol, le plus horrible de tous les vols, et

pour poursuivre les délits, il faut une plainte. Qui de nous se plaindra ? Nous-mêmes nous plaindrions-nous ! Pour élever notre voix, ne faut-il pas que nous nous soyons arrogés le droit de parler au nom de tous ? Ici, messieurs, le gouvernement, qui pour entrailles a un système de caisses en fer appelé fisc, n'a même pas l'intelligence de ses intérêts. Il demande à nos journaux littéraires des droits de timbre. La *Revue des Deux-Mondes*, et cette *Revue*, qui accueille notre triste clameur, doivent donner environ huit cents francs par mois au fisc avant de pouvoir imprimer une seule de vos lignes. Huit cents francs !... le tiers du prix que l'on accorde à vos pages ! Le fisc veut des droits, et le gouvernement ne protège pas la machine-journal, qui doit payer des droits à son fisc. N'est-ce pas stupide à la manière du sauvage qui coupe l'arbre pour avoir le fruit, ou d'Arlequin qui ne nourrit pas son cheval ?
Ainsi, pour nous, exhérédation illégale qui frappe nos familles, voilà l'avenir ; mise hors du droit commun relativement à la piraterie littéraire, voilà le présent ; nulle protection à l'intérieur, voilà l'effet du gouvernement institué, je ne dis pas pour veiller au bonheur, mais au maintien des droits de tous.
Ici, messieurs, quelques esprits superficiels diront peut-être qu'à aucune époque la littérature, ou pour prendre une expression

plus large, la pensée n'a produit de plus grandes fortunes politiques ou métalliques, en citant MM. Etienne, Scribe, Chateaubriand, Thiers, Mignet, Guizot, Lamartine, etc. Mais, messieurs, il ne faut pas laisser conclure contre nous, peuple généralement faible et souffrant, qui n'avons de volonté que pour les travaux de la pensée, qui savons peu les affaires [c'est ainsi que l'on laisse des éditeurs faire des affaires et se retrouve avec des miettes], qui ne sommes ambitieux que par boutades, qui avons peu d'héritages, de ce qu'il se rencontre parmi nous des hommes carrés de base comme de hauteur qui peuvent suffire à la politique et à la poésie, des hommes qui dorment en paix sur la foi du Code, qui ne les a pas déshérités de leurs oncles ; des hommes qui ont pris la littérature comme un Purgatoire d'où l'on arrive au Paradis des places ; des hommes qui savent à la fois faire des chefs-d'œuvre et faire des affaires. Ne nous laissons pas reprocher le résultat même que cause l'excès du mal. Si quelque grand poète se recommande et par son œuvre, et par des succès de tribune, et par une grande fortune que ses œuvres lui auraient donnée s'il les avait exploitées, n'oublions pas de dire au siècle que beaucoup de poètes aussi grands que nos plus grands vont à pied quand de certains spéculateurs roulent carrosse ; que la contrefaçon ruine

Alfred de Musset comme Victor Hugo, Victor Hugo, comme de Vigny, de Vigny comme J. Janin, J. Janin comme Nodier, Nodier comme G. Sand, G. Sand comme Mérimée, Mérimée comme Courier, Courier comme Barthélémy, Barthélémy comme Béranger, Béranger comme vous tous. Songez qu'il se lève une jeune génération à qui appartient l'avenir, et que ce sera noble et grand à nous de leur livrer l'avenir plus beau que nous ne l'avons reçu.
[Oui, ce sera noble et grand à nous de livrer l'avenir plus beau que nous ne l'avons reçu, par exemple avec des revenus décents, 50% du prix des livres]
Après vous avoir signalé les deux principales plaies qui nous affligent, il en est une troisième que nous voudrions cacher ; mais elle attaque la pensée au cœur, c'est un cancer qui nous dévore, une maladie du corps littéraire, et non une blessure que lui fait la loi, le gouvernement, ou le siècle.
À peine un de vous, après avoir étudié quinze ans, quinze ans gémi, pâli, souffert, pâti, après bien des peines et de l'argent dépensés, après avoir souvent pleuré des larmes, après avoir appris le monde et les hommes, appris les choses, voyagé dans tous les malheurs ; à peine un homme qui a sué sur ses phrases, payé des corrections comme en faisait Buffon ; à peine l'écrivain a-t-il publié un livre,

créé des personnages, inventé des ressorts, dessiné un drame ; ce drame, ces ressorts, ces personnages, ce livre est pris et devient pièce de théâtre. Un homme d'honneur, incapable de prendre chez vous les pincettes pour attiser votre feu, vous prend sans scrupule votre bien le plus cher ; il n'a pas la conscience plus troublée que s'il vous avait pris votre femme ; mais l'amant prendra une femme consentante, tandis que le Sigisbé dramatique viole votre idée ; aussi cet adultère est-il sans excuse ; il est horrible, et d'autant plus dommageable qu'il n'est pas encore arrivé un cas de pièce mise en livre.

Vous nous pardonnerez, messieurs, de fouiller cette question avec l'arme de la plaisanterie. Ici, nous sommes sur un terrain où nous n'avons pas été ménagés, et la discussion nous mènera d'ailleurs dans des sphères élevées où gisent de nouvelles causes à notre souffrance.

Nous publions un livre pour qu'on le lise, et non pour le voir *lithochromisé* en drame ou tamisé en vaudeville. Il existe là une question à faire juger. *La prise* d'une idée, d'un livre, d'un sujet, sans le consentement de l'auteur, eût soulevé l'indignation générale du dix-huitième siècle, qui, à notre honte, poussait jusqu'à la plus exquise politesse le sentiment des convenances littéraires. L'auteur dramatique n'ignore pas qu'un livre, après vous avoir coûté de grands labeurs, après avoir exigé la patiente sculpture du style (et le style est tout un homme, ce sont ses impressions et sa substance), ne se paie pas quinze cents francs ; tandis que la pièce faite avec ce livre donne trois fois le prix du livre, quand la pièce tombe, et vaut la contribution foncière d'un village quand elle réussit. En un mot, La Fontaine nous disait notre fait avec *Bertrand et Raton*. Je me hâte de poser la question financière afin d'en plus tôt sortir. L'argent est peu de chose pour certains esprits généreux. La preuve de notre générosité se trouve dans notre silence. Si nous le rompons, messieurs, attribuez-le non à quelque intérêt personnel, mais au désir de traiter complètement les questions soulevées par notre crise littéraire dont nous allons voir ici les principales causes.

Nous publions donc notre pensée pour qu'elle soit connue. Quelque naïve que soit cette proposition, elle signifie que nous ne la publions pas pour qu'elle soit découpée, tirée, déshabillée, écartelée, mise sur le gril d'une rampe et servie aux habitués d'un théâtre comme un mets aux dandies du Rocher de Cancale. Cherchons des analogies. L'Etat construit la Madeleine, il livre le monument au public ; en France, l'état craint toujours le public, il met une grille pour empêcher les plaisants d'y charbonner des figures grotesques, pour empêcher Crédeville d'y mettre son nom énigmatique. Pourquoi n'aurions-nous pas de loi littérairement municipale qui dise à propos des beaux livres : *il est défendu de déposer ici des pièces de théâtre*. Personne d'entre nous ne contestera l'analogie, nous croyons tous avoir le droit de mettre sur nos livres *Exegi monumentum*. [J'ai achevé un monument] Palais ou bicoque, cathédrale ou chaumière, cette œuvre est à nous. Si ce livre était une barrique de vin, elle serait respectée. Un voisin qui trouverait le moyen de la soutirer et de la vendre en y mêlant un vin meilleur commettrait un délit passablement répréhensible ; mais que disons-nous ? Messieurs, les tribunaux de commerce condamnent à d'énormes amendes l'eau de Cologne sans néroli qui se dit Farina. Toutes les fois qu'il y a un ballot, le droit est précis, voyez-vous ! Mais s'il s'agit d'une page écrite, d'une idée, la justice ne sait plus ce que veut dire le procès ; elle n'a de loi que contre nous ! Ici nous sommes d'autant plus à l'aise, que nous ne froissons la gloire de personne ; il s'agit d'intérêts commerciaux à moins, cependant, qu'une voix ne s'élève et ne nous crie le nom d'une œuvre âgée de vingt ans, qui puisse par sa seule valeur attirer mille personnes dans une salle, le Théâtre-Français, excepté. L'argent gagné par trois ou quatre personnes qui se mettent sur un ouvrage comme des équarrisseurs sur un cheval, car souvent ils s'attaquent au cheval de Roland, n'est pas la plaie la plus douloureuse. Si nous étions pour quelque chose dans la question, nous dirions volontiers comme vous tous : - *À moi la gloire, à eux l'argent !*

[Du droit moral d'une œuvre... donc de son adaptation ; sur ce sujet, deux siècles ont protégé l'écrivain mais les droits dérivés, théâtre, cinéma... se partagent avec l'éditeur... grand gagnant...]

Mais, messieurs, la pièce de théâtre entraîne bien d'autres maux. Quand notre enfantement est fini, nous avons en dehors de ce travail, de fâcheuses suites de couches sur les théâtres. Notre œuvre peut y mériter des sifflets au moment où quelques lecteurs l'admirent au fond d'une province. Vous êtes détestable rue de Chartres, vous êtes magnifique à Blois.

Ici nous arrivons à l'un de nos plus grands malheurs, au plus réel, à un calus plus dur que ne l'est la contrefaçon matérielle ou spirituelle. Messieurs, le nombre de ceux qui voient un vaudeville est supérieur au nombre de ceux qui lisent un livre.

Pour apprécier les belles œuvres littéraires (et notre siècle en produit autant qu'en a produit le plus littéraire des siècles passés, n'en déplaise à la Critique), il faut une généreuse éducation, une intelligence cultivée, le silence, le loisir et une certaine tension d'esprit ; tandis qu'à l'œuvre dramatique, il ne faut que prêter ses yeux et ses oreilles durant les heures somnolescentes de la digestion. Paris possède douze théâtres ; aucun d'eux ne peut subsister s'il ne fait une recette qui, répartie par chaque salle, donne une moyenne de 2 000 francs par jour ; ainsi Paris offre à la littérature dramatique un budget d'environ dix millions, auxquels doivent se joindre les tributs départementaux, qu'il est inutile d'évaluer. Hé bien ! messieurs, à quelle somme croyez-vous que s'élève le budget de la grande littérature, la part des œuvres longtemps élaborées, la part de *Volupté*, de *Notre-Dame de Paris*, des admirables poésies d'Alfred de Musset, des *Consultations* du docteur Noir, d'*Indiana*, de l'*Âne mort*, de ce livre magnifique intitulé *Histoire du roi de Bohême et ses sept Châteaux* ? Quelle part fait-on à Frédéric Soulié, à Eugène Sue, aux proverbes d'Henri Monnier, aux frères Thierry, à M. de Barante, à M. Villemain, à ce patient Monteil ? Que la honte se glisse rouge au fond des cœurs ! Nous affirmons que les dix maisons de librairie de Paris, assez audacieuses pour entreprendre ce chanceux commerce, ne font pas, DANS TOUTE LA FRANCE, un million, de recette. [Pour ces échelles de grandeur, on peut actuellement comparer nos grands groupes d'édition avec les mastodontes des télécoms ; oui Gallimard reste un nain par rapport à Orange... comme l'auteur indépendant l'est par rapport à Lagardère ou Albin Michel. Est-ce qu'un petit nain pourra exister ou est-ce que les grands nains vont essayer de le ghettoïser pour s'assurer la suprématie chez les nains, qui seront rapidement mangés par des ogres ?] Savez-vous pourquoi nous jetons cet anathème à notre pays ? Nous le dirons sans craindre d'être accusés de parler d'argent. La question est ici trop grande, trop petite, trop singulière ; trop anti-patriotique, trop bizarre, trop inhérente au cœur humain ; elle nous appartient, elle peint l'époque, elle en accuse la mesquinerie qui déborde de haut en bas. En France, messieurs, dans ce beau pays où les femmes sont élégantes et gracieuses comme elles ne sont nulle part, la plus jolie femme attend patiemment, pour lire Eugène Sue, Nodier, Gozlan, Janin, V. Hugo, G. Sand, Mérimée, que la modiste ait lu le volume en compagnie, le soir, dans son lit ; que la femme d'un charcutier ait achevé le dénouement et l'ait graissé, que l'étudiant y ait laissé son parfum de pipe, y ait cloué ses observations lascives ou bouffonnes. En France, un livre, le livre où l'auteur a mis une offrande écrite, se promène dans les alentours d'une famille. Oui, c'est à qui se soustraira même à l'impôt des 2 sous du cabinet littéraire. "- Prêtez-moi *Notre-Dame*, envoyez-moi, J*acques* ?" sont dits par des gens riches dont la voiture passerait au besoin sur le corps d'un mendiant qui veut deux sous pour une roquille, sa littérature, à lui. Personne n'hésite à donner 40 francs pour aller entendre Odry, Arnal, Bouffé, à donner trois louis pour aller à l'Opéra ; mais il n'est pas encore admis qu'on envoie 12 francs à un libraire pour lire à son aise dans un livre propre et vierge, l'œuvre nouvelle la plus intéressante, qui donne quelques journées de lecture ou quelques heures de méditation, qui fait voyager dans l'histoire du pays ou dans les souvenirs de la vie !! Non, les dix mille familles riches, les vingt mille personnes aisées de la France, n'ont pas 100 fr. pour les vingt volumes remarquables que notre nation dolente publie par année, et ils les donnent au journalisme ! Salut, belle France, France généreuse, France intelligente ! AUX GRANDS HOMMES LA PATRIE RECONNAISSANTE ! Merci de cette épigramme sublime ! Aristocratie, vous êtes morte : l'égalité triomphe ; la duchesse attend que sa couturière ait lu *la Salamandre* avant de la lire ; elle attendra, elle quêtera même pour éviter de donner au talent l'obole inconnu, le seul denier que puisse recevoir le talent.

[Cette tentative de culpabiliser les acheteurs potentiels peut prêter à sourire mais ce siècle-là se caractérisait aussi par un faible nombre de lecteurs... Acheter redevient un acte militant, quand il s'agit d'un livre dont on sait qu'il permettra à son auteur de continuer et non à de multiples intermédiaires de s'engraisser et au grand patron de conforter sa place dans le top 500 des grandes fortunes de France] Ce crime social est une petite infamie secrète dont on n'a pas à rougir. Il est des villes où la *Revue de Paris* de janvier est lue en décembre. Des femmes élégantes éternuent au beau milieu des *Feuilles d'automne*, par le fait d'un bourgeois qui a laissé couler du tabac en tournant un feuillet. Qui de nous n'a pas entendu dire à des millionnaires : - Je ne puis pas avoir tel livre ; il est toujours en lecture ! Dix millions pour la plus ingénieuse des médiocrités, relevée par les lazzis des comédiens, 500 000 francs aux efforts du talent, voilà la question bien posée pour ce siècle. Ce problème connu, que ferez-vous ? Du théâtre ! *Ad circenses !* est en littérature un cri comme *Aux armes !* dans Guillaume Tell. Que voulez-vous ? d'un côté, la bêtise en coupe réglée ; de l'autre, indifférence brutale aux plus belles productions. Un livre veut toute une vie ; une pièce de théâtre demande un mois. Pour hésiter, que faut-il être ? - Un sot, dit la

Chaussée d'Antin. - Un homme de talent, disent les gens d'élite. Aux grands hommes la patrie reconnaissante ! Donc, pour le théâtre, mille et quelques auteurs dont aucun n'a jeté sur la scène une création ; car, dans ce siècle, qui s'est arrogé le droit de dire à son idée : Tu seras éternellement Harpagon, Clarisse, Figaro ! Qui de vous a eu la puissance divine de *nommer* ? Depuis celui qui a dit : Tu seras *Jocrisse* ! personne dans les petits théâtres n'a eu de gésine viable. Aussi les pièces de théâtre ne durent-elles pas six semaines. Alors il a fallu autant de pièces que de jours dans l'année ; et, pour fournir à ce besoin du public qui n'était jamais satisfait, les auteurs ont usé de tout, ils en sont arrivés aux livres des vivants, comme les rats qui, ne trouvant plus de biscuit dans la cale, mangent les provisions de l'équipage. Le théâtre a donc réagi sur le livre, en vertu du mot de Molière : - Je prends mon bien où je le trouve. Nous devons à Molière ce funeste article de loi, mais cet article de loi ne nous a pas rendu Molière. À tous nos maux, ajoutons cet arrêt : les mœurs repoussent les livres. Quelques libraires ont pensé que le prix de nos livres était excessif. Erreur ! Nos livres ne se vendent pas aussi cher que se vendaient les livres avant la révolution ; et, avant la révolution, sur douze écrivains, sept recevaient des pensions considérables payées ou par des souverains étrangers, ou par la cour, ou par le gouvernement. Nous périssons donc sous le poids d'une avarice inouïe, car la femme élégante, le Mécène qui ne donne pas 7 francs pour un livre où avant tout il faut près de 2 francs à l'auteur, ne donneront pas davantage, 4 francs. Ici, nous irons loin peut-être, mais nous sentons le besoin de défendre au tribunal des consciences qui, semblables à Dieu, peuvent descendre au fond des cœurs, plusieurs artistes réellement grands, et que certaines personnes blâment légèrement. Nous ne parlerons pas des nobles pensées, des beaux ouvrages étouffés par le découragement dont se trouvent saisis quelques hommes qui n'ont eu de puissance que dans le désespoir. Sachez-le bien, l'artiste sous peine de ne pas être, est homme de cœur. Des actions, blâmables en apparence, peuvent être reprochées à ces grands enfants qui ne deviennent des géants qu'au moment où ils saisissent leur outil créateur. Eh bien ! ne les accusez plus après avoir lu ces pages ; leurs fautes ont toujours été le fruit de votre lésinerie. À eux le malheur, à vous le crime. Mesurez le pardon sur l'énergie de leurs facultés, et non sur votre froide impuissance. En écrivant ces lignes, nous nous sommes ému des malheurs à venir. Ah ! si notre voix pouvait être entendue ; nous descendrions même à la prière devant tout le pays, afin de réchauffer son patriotisme et d'éviter le suicide de quelques nobles cœurs. Messieurs, nous avons attaqué une question qui touche à bien des intérêts, qui peut froisser des amours-propres, si nous avions pu dire des gloires, la question serait jugée. Quand un de nos grands peintres fit Ossian pour rivaliser avec les palais aériens de Girodet, chacun d'eux fut content. *Non ut pictura poesis* ; mais nous sommes tous incapables d'en vouloir à d'heureux négociants. Ne suffit-il pas que ceci fasse question pour que chaque homme de lettres dorme en paix sur le passé de ses pièces. Nous croyons que chacun de messieurs les auteurs dramatiques, faisant un retour sur lui-même, devra penser qu'il serait plus littéraire d'inventer ses sujets que de les emprunter. Nous constatons un fait, nous posons une question purement judiciaire. A-t-on ou n'a-t-on pas le droit de monnayer un livre sous le balancier du vaudeville, sous le marteau du drame ? A-t-on ce droit plein et entier ? Est-il soumis, ou doit-il être soumis au consentement de l'auteur dudit livre ? Quoi ! les auteurs dramatiques ont les faits accomplis de l'histoire, les anecdotes consacrées de vingt siècles, les événements du temps présent, et il leur faudrait encore étendre la juridiction de leurs grelots et de leurs flonflons, de leurs coupes et de leurs poignards, sur les œuvres vivantes ou mortes de l'homme qui ne croyait pas avoir besoin, pour digérer sa gloire en paix, de souscrire une police d'assurance contre les pièces. Ceci n'existe que depuis dix ans, et les choses sont poussées trop loin pour que la littérature ne s'en occupe pas. Reconnaissons d'ailleurs que souvent les auteurs dramatiques se conduisent envers nous avec politesse, ils n'indiquent ni le livre, ni l'auteur pillés. Ils pourraient objecter que plusieurs auteurs les convient à cette traduction. Que voulez-vous ? on voit des suicides tous les jours. Parleront-ils de notre silence ? Mais un homme est mal venu à demander raison de ces malheurs ; un procès est ennuyeux, et celui-ci ne peut être traité que de masse à masse, entre la corporation des faiseurs de drames et la corporation des faiseurs de livres. Nous offenserions sans doute les auteurs dramatiques en disant qu'ils ont tous autant de talent les uns que les autres ; ils seraient encore plus mécontents si nous disions que le talent leur est inégalement distribué ; mais nous sommes certains de les mettre d'accord en reconnaissant chez eux une probité sévère. Or, beaucoup d'entre eux étant auteurs *in utroque*, la question de droit soulevée sur la faculté, contestée par plusieurs d'entre nous, de mettre un livre en pièce, sera jugée à huis-clos et convenablement débattue, pour le jugement être converti en article de loi, si cette matière délicate permet autre chose qu'une convention entre les deux sociétés.

Ce mot *société* est une transition naturelle pour arriver aux moyens de défense que nous croyons avoir trouvés ; et qu'il est urgent d'employer contre les oppressions légales, contre les oppressions de l'étranger, contre les oppressions intimes que nous signalons. Ces malheurs, durement sentis, touchent de près à plusieurs commerces, et touchent au grand problème politique de la balance commerciale que tout pays veut établir à son profit avec ses voisins. Ici, quoique la question de l'intérêt littéraire devienne une question d'intérêt public, n'attendez pas du gouvernement qu'il fasse une enquête sur l'état de la littérature, considérée comme intérêt matériel, comme produit énorme, comme moyen d'imposer l'Europe, de régner sur l'Europe par la pensée, au lieu de régner par les armes. Non, le gouvernement ne fera rien. Le gouvernement actuel, fils de la presse, est heureux de cet état de choses, et le prolongera s'il le peut : son inertie en est la preuve. Notre salut est en nous-mêmes. Il est dans une entente de nos droits, dans une reconnaissance mutuelle de notre force. Il est donc du plus haut intérêt pour nous tous que nous nous assemblions, que nous formions une société, comme les auteurs dramatiques ont formé la leur.

L'auteur de cette lettre connaît assez le monde pour ne pas avoir la prétention de vous imposer ses idées, mais de vous les exposer, afin qu'elles en fassent naître de meilleures, si elles n'étaient pas adoptées. Néanmoins avide de repos, adonné au silence, tribun par hasard, nous ne nous serions pas levé si nous n'avions pas trouvé les moyens d'empêcher à l'avenir toute espèce de contrefaçon à l'étranger. Loin de renverser la librairie comme se le proposent depuis quelque temps des spéculateurs, nos moyens vous laisseraient tous dans les positions où chacun de vous peut se trouver relativement à la librairie. Si parmi les libraires, plusieurs se permettent de ne lire ni les livres qu'ils achètent, ni les livres qu'ils vendent ; si d'autres ont assez d'esprit pour vernir leur manque d'instruction par de l'impertinence, il se rencontre là, comme ailleurs, des gens convenables, généreux, instruits, envers lesquels vous avez dû contracter des obligations. Notre société pourrait avoir encore l'influence de régénérer la librairie ; mais aucun bien n'est possible sans le concours de toutes nos volontés vers un résultat qui doit augmenter le bien-être de tous, et qui sera le salut d'un commerce chancelant. Notre société constituée saura demander de nouvelles lois sur la propriété littéraire, saura faire fixer les questions pendantes, et empêchera toute contrefaçon étrangère. Les moyens dont nous nous sommes occupés, et que nous croyons efficaces, nécessitent cette association qui seule pourra faire les démarches utiles au succès ; démarches d'ailleurs peu coûteuses. Sans doute il serait beau de voir la république des lettres avoir ses ambassadeurs, envoyer dans les pays voisins des hommes éminents entourés de plus d'éclat que n'en ont les plénipotentiaires, et traiter ses intérêts de langue à langue, en rendant à ce mot le sens qu'y attachait l'ordre de Malte ; mais aujourd'hui beaucoup ridicule serait un spectacle auquel manqueraient la Foi, les sentiments qui jadis l'eussent rendu magnifique. J'espère, messieurs, que les hommes qui sont chargés d'éclairer, de régir leur époque et de la mener dans une voie de progrès, ne manqueront pas du sens qui n'a failli à aucune des plus infimes parties de la société. Chaque profession a son association philanthropique, et l'hôpital n'existe ni pour nos imprimeurs, ni pour nos relieurs. Il n'est pas d'ouvrier qui n'ait sa société maternelle qui lui donne aide et assistance dans ses moments de détresse. Nous seuls artistes, écrivains, sommes sans un lien commun. Il est vrai que nous seuls ne devions pas avoir besoin de nous protéger nous-mêmes ; nous devions être sous la garde de tous, nous devions avoir la France pour tutrice. Aussi est-ce une honte pour notre temps que la nécessité où nous sommes de nous réunir comme ces marchands du moyen âge qui, volés par tous, qui, mis au ban de la force féodale, constituèrent des Hanses afin de se défendre, et réussirent à imposer à l'Europe la majesté de leur commerce, pour lequel tout se remue aujourd'hui, les navires, les fiscs et les chambres. Réunis, nous sommes au-dessus des lois, car les lois sont dominées par les mœurs. Ne constatons-nous pas les mœurs ? La civilisation n'est rien sans expression. Nous sommes, nous savants, nous écrivains, nous artistes, nous poètes, chargés de l'exprimer. Nous sommes les nouveaux pontifes d'un avenir inconnu, dont nous préparons l'œuvre. Cette proposition, le dix-huitième siècle l'a prouvée. Réunis, nous sommes à la hauteur du pouvoir qui nous tue individuellement. Réunissons-nous donc pour lui faire reconnaître les droits et les majestés de la pensée. Ainsi, nous pourrons tendre la main au génie méconnu, dès que nous aurons conquis un trésor commun, en reconquérant nos droits. Disons-le bien haut ! il faut aide et secours au talent. Une des plus grandes erreurs qui aient pu s'accréditer, est cette croyance que le génie heureux devient oisif. Non, les plus beaux ouvrages ont été fils de l'opulence. Rabelais n'a travaillé que dans le loisir. Raphaël puisait à pleines mains dans les trésors de la cour de Rome ; Montesquieu, Buffon, Voltaire, étaient riches. Bacon était chancelier. *Guillaume Tell*, le plus grand opéra de Rossini, est dû au temps où ce beau génie ne connaissait plus le besoin, tandis que Mozart, comme Weber, est mort de misère, emportant ses chefs-d'œuvre. Sénèque, Virgile, Horace, Cicéron, Cuvier, Sterne, Pope, lord Byron, Walter Scott, ont fait leurs plus belles œuvres quand ils avaient honneurs et fortune. Beethoven, Rousseau, Cervantès et Camoëns sont des exceptions discutables. Personne n'osera décider si la volontaire infortune de Jean-Jacques est ou n'est pas spéculation d'orgueil, un cas de fierté maladive. Puis il faut faire la part aux fantasques artistes, aux cœurs généreux chez qui les trésors ne restent pas ? Enfin il est des génies qui sont aussi fiers que pauvres, ils sont encore riches. Cessez donc de nous montrer la misère comme la mère du génie ; ne nous opposez pas ceux qui ont triomphé, parce que nous voyons et nous pleurons ceux qui succombent, sans pouvoir leur offrir autre chose que nos fébriles compatissances. Qui de nous a pu lire sans se sentir la paupière humide, cette phrase fière où, dans la préface d'un bel ouvrage, MM. Roux et Buchez ont dit : *La maladie ou la faim peut nous surprendre, hâtons-nous de publier des*

pensées que nous croyons utiles à la science humaine ? Qui n'a pas salué de loin ces nobles intelligences ? Qui ne leur a pas crié : - Vous vivrez ! Ne sera-ce pas ménager la fierté des hommes jeunes et déjà grands, que de faire accourir près d'eux la république entière pour les saluer, pour veiller, à leur début, pour consoler leur vieillesse, si le malheur voulait qu'ils trouvassent l'infortune au déclin de la vie ? Mais notre assemblée dût-elle se dissoudre après avoir fait cesser les maux de la contrefaçon, celui du timbre, et obtenu de nouvelles lois sur la propriété littéraire, elle aurait assez fait et pour le présent et pour l'avenir.
[Oui, la SGDL aurait pu se dissoudre... plutôt que de devenir ce qu'elle est devenue... Balzac en a d'ailleurs démissionné en 1841 mais sa démission fut rejetée. George Sand présenta trois démissions et en passa par le procès, qu'elle perdit... La SGDL est devenue un pouvoir peut-être un peu trop proche des autres pouvoirs...]
Nous attendrons quelques adhésions pour poursuivre une œuvre juste que nous n'abandonnerons jamais. Une réunion préparatoire sera nécessaire pour prendre quelques précautions d'ordre. En ces circonstances, flottera dans toutes les pensées un nom glorieux qui, pour nous, sera comme une étoile, un nom qui fera taire nos rivalités,

un nom que je ne dirai pas, et qui sera sans doute une égide prise avidement par nous tous. Comme les marchands du moyen âge, qui laissaient leurs différends à la porte de leur *parlouère*, nous laisserons nos opinions, nos antipathies, nos vanités à la porte, pour ne nous occuper que de la chose publique, et peut-être ne reprendrons-nous pas toujours tout en sortant.

Nous ne finirons pas sans faire observer que ceci n'est ni un cri d'insurrection, ni un appel aux passions, mais un cri de misère, le cri d'une nation mise hors la loi, victime d'un déni de justice. Puisse ce cri trouver des échos, réveiller des sympathies, faire venger des injustices, ranimer les sentiments d'un patriotisme qui agonise ! Nous élevons la voix pour ceux qui veillent, pour ceux qui souffrent, pour ceux dont l'ambition est d'ajouter un denier au trésor de la langue. Nous demandons à fermer par un mot les horribles chemins du gouffre où tombent les plus belles volontés, où se perdent de grandes pensées, des sciences. Nous ne demandons ni secours ni protection, nous ne tendons pas la main ; nous supplions de rendre la pensée égale au ballot ; nous ne menaçons pas, nous supplions qu'on ne nous dépouille plus. En ce moment, la France perd quinze millions avec l'Europe. Si vous nous laissez faire, nous les lui ferons gagner. Nous demandons quelques heures aux députés du pays pour y perpétuer les talents. L'Italie, messieurs les faiseurs de lois, doit à ses beaux génies de recevoir les deux tiers des guinées qui sortent de l'Angleterre. Protégez donc les arts et la langue, car quand vos intérêts matériels n'existeront plus, vous vivrez par nos pensées qui seront debout, et qui, si le pays pouvait disparaître, diraient : - Là fut la France !

De Balzac

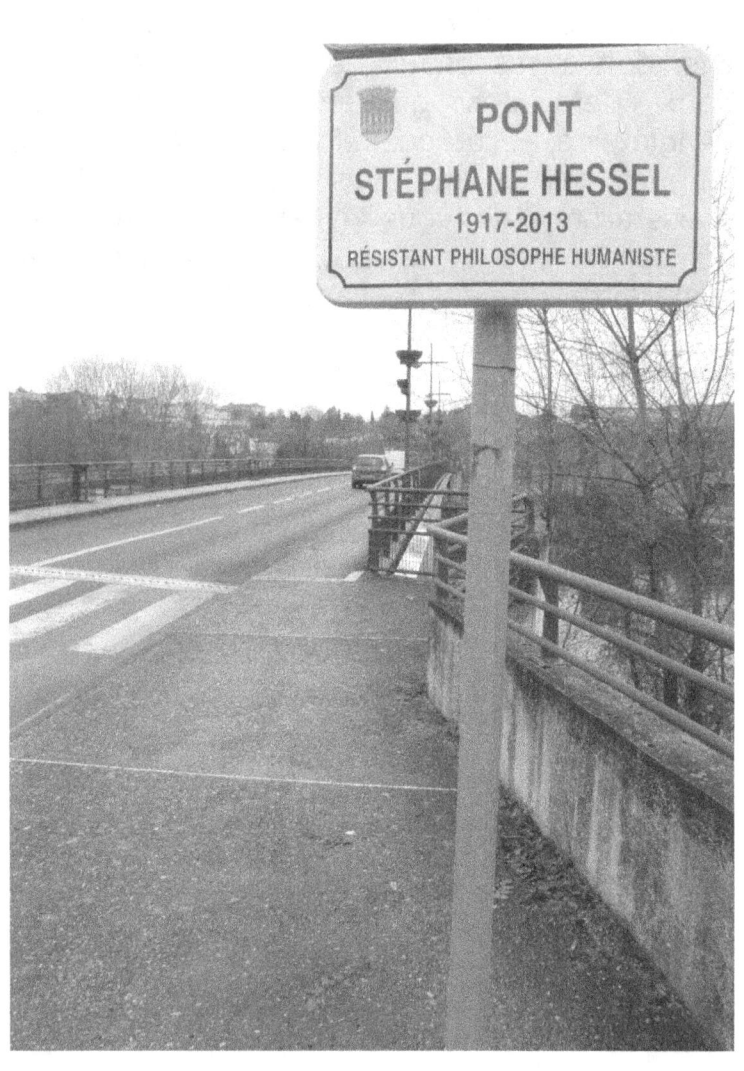

Indignez-sous sur le Pont Stéphane Hessel !

II

Lettre aux écrivains français du XXIe siècle par Stéphane Ternoise

Publié le 6 octobre 2012, avec l'intention qu'il figure ainsi dans les pages des libraires numériques le lendemain, soit un an après l'ouverture par Amazon de sa boutique Kindle en France, *Le manifeste de l'auto-édition* se place dans une perspective balzacienne, en reprenant dans la longue présentation le précédant, la lettre de 1834.

Comme Balzac 1834, Stéphane Ternoise s'adresse à ses contemporains, aux écrivains, aux politiques, aux lectrices et lecteurs. Comme Balzac dans sa "*lettre aux écrivains français*", l'auteur lotois dénonce et propose la création d'une société (ou un syndicat).
Il s'agit désormais de structurer l'auto-édition pour qu'elle prenne une place prépondérante dans l'édition française, grâce à la révolution numérique.

L'évolution probable de ce texte

Ce manifeste, je l'ai rédigé seul. Naturellement, il est le fruit de vingt années d'expériences, donc de nombreux échanges.

Début octobre 2012, il sera public. La diversité des parcours peut lui permettre une sensible amélioration. Il reste ouvert. Le site http://www.auto-edition.pro est là à cet effet, pour les idées et l'organisation du contre-pouvoir des indépendants.

La version 2 sera donc publiée dès que nécessaire. Réagissez ! Proposez ! Agissez ! Avancez ! [il en fut ainsi.]

Lettre aux écrivains français du XXIe siècle par Stéphane Ternoise.

Le manifeste de l'auto-édition

L'auto-édition fut l'avenir de l'édition. Et comme le déclara François Hollande en 2012 : le changement c'est maintenant. Auto-édition : éditer soi-même. Pas forcément autodistribuer ni autodiffuser. L'auto-édition doit prendre une place prépondérante dans la filière livres métamorphosée par la révolution numérique, le défi compris et soutenu par Amazon. La société américaine a parfaitement résumé, par Russell Grandinetti, l'un de ses responsables, la nouvelle donne : « *les seules personnes nécessaires dans l'édition sont maintenant le lecteur et l'écrivain*☐ » (le New York Times du 16 octobre 2011). Elle se place ainsi en facilitateur entre l'auteur et son lectorat.

Le manifeste : un programme, qui assume la nécessaire confrontation avec les installés, leur système inacceptable pour certains, accepté faute de mieux et par facilité par l'immense majorité, cette majorité silencieuse qui prendra le train quand il foncera sur de bons rails. Le manifeste : un pari sur un avenir que les installés souhaitent contrôler comme ils verrouillent l'édition papier.

Un manifeste car pour la première fois dans l'Histoire, il existe une véritable possibilité pour vraiment vivre de ses livres sans se soumettre aux intermédiaires : l'auto-édition versant numérique. [depuis, Amazon a également ouvert l'édition en papier, même si, dans ce secteur, les positions prises par les installés, toujours abondamment arrosés de subventions, parviennent à maintenir les lectrices et lecteurs loin des livres non autorisés.]

Depuis 20 ans, je vivote, je grappille un peu de revenus ailleurs, pour tenir.

En 1991, ma première publication, je suis arrivé dans un contexte bouché où seuls les salons du livre des petites villes, ou des villages, permettaient de vendre quelques centaines de bouquins, se créer un petit lectorat parfois fidèle (achetant ensuite par correspondance).

J'avais adhéré à l'association des auteurs autoédités créée en 1975 par Abel Clarté. D'abord pour obtenir les formalités de l'indépendance. Je l'ai rapidement quittée, n'y trouvant pas l'esprit de professionnalisme recherché ; j'étais jeune, je pensais pouvoir faire rapidement bouger les choses autrement...

Je suis arrivé dans un système cadenassé et ne suis pas parvenu, même avec http://www.auto-edition.com (dès l'an 2000), à initier un mouvement, une dynamique, qui aurait pu obtenir une visibilité médiatique, un poids dans les décisions politiques. J'ai regardé passer les lois, ne pouvant que bougonner dans mon coin. Nous nous indignâmes souvent, entre auteurs, même avant les apéritifs.

Les éditeurs classiques ont obtenu, durant cette période, de nombreuses lois, des ponts d'or, d'où l'auteur-éditeur, sans état d'âme des parlementaires, fut écarté (copie privée, droit de prêt en bibliothèque, livres indisponibles du vingtième siècle).

Ecrire le manifeste de l'auto-édition avant octobre 2011, avant la commercialisation du Kindle en France, n'aurait été qu'un coup d'épée dans l'eau : aucune solution technique pour montrer par l'exemple la possibilité de vivre décemment de sa plume en auto-édition, dans notre pays. Nos vies ont également valeur d'exemples. L'utopie est nécessaire mais appliquer ses idées devient un jour indispensable. Nous sommes tous des amazoniens, aujourd'hui ! Amazon est devenu le premier espace de vente des ebooks, car il l'a souhaité, car il a ouvert l'édition quand le système des installés se complaisait dans un microcosme de clans. *Alapage*, plutôt qu'être "fermé" par *rue du commerce*, aurait pu se placer sur le créneau de l'ebook, encore un échec français, comme le fut *voila* face à *google*, pour la même raison : regarder l'avenir les yeux fixés sur le passé. Un nouveau modèle économique, réaliste, crédible, existe désormais pour l'auto-édition : vendre 500 ebooks par mois, à tarif décent (moins de cinq euros), permet un revenu de smicard, ce qui n'est déjà pas mal pour un écrivain ! Vendre quelques livres en papier en plus, permettra de mettre un peu de vin sur nos tables !

Kindle, Ipad, Kobo by Fnac, les readers de Sony, les liseuses du français Bookeen, bientôt le Nook de Barnes and Noble, les appareils se vendent et les discours d'Aurélie Filippetti, Antoine Gallimard et leurs épigones ne pourront stopper la démocratisation de ces petites machines tellement pratiques !

L'accès aux sites de ventes est ouvert aux écrivains indépendants alors que les librairies, que tout bon citoyen devrait soutenir, ont accepté de fonctionner durant des décennies avec les seuls livres de l'édition industrielle et leurs puissants distributeurs (naturellement, les libraires acceptaient le plus souvent les auteurs régionaux quand grâce à l'article du quotidien local ils réalisaient un chiffre d'affaires facile en quelques jours). Une véritable distribution doit permettre une présence sur la quasi totalité des points de vente, que ce soit en papier ou en numérique. L'auto-édition connaît une croissance exponentielle aux Etats-Unis. Donc dans quelques jours ici ! Ce qui fut considéré comme une "utopie" va s'imposer. Malgré le lobbying et le pouvoir des installés, qui retarderont le plus possible l'inéluctable, essayeront de prendre le plus possible de positions dominantes dans ce nouveau marché, verrouilleront le plus possible l'avenir des écrivains sous contrat (combien d'écrivains ont déjà signé pour leurs cinquante prochaines œuvres ?), consommeront de la subvention, nous feront perdre du temps. Ce qui peut retarder la marche de l'Histoire au point qu'une génération ne puisse vraiment en profiter...

Les écrivains doivent agir, exiger des politiques qui se gargarisent du mot "justice" qu'ils passent aux actes, suppriment de l'arsenal législatif les passages anti-auto-édition, y inscrivent l'obligatoire libre et juste concurrence entre les différentes formes d'édition. Pourquoi les éditeurs du SNE devraient conserver un monopole quand même celui de France Telecom est tombé sous un gouvernement socialiste ?

Toute clause discriminatoire envers les

écrivains indépendants doit disparaître des lois et règlements divers.

Il convient donc, une nouvelle fois, d'amender le code de la propriété intellectuelle ! Où figure l'exclusion des indépendants, par exemple l'article L133-1 au sujet du droit de prêt en bibliothèque. Mais les auteurs-éditeurs doivent également obtenir une part du gros gâteau de la répartition des droits "livres" pour la copie privée. Quant à la loi sur les "livres indisponibles du vingtième siècle" sa refonte totale s'impose : non plus accorder les droits numériques le plus facilement possible aux éditeurs traditionnels mais inciter les écrivains (ou ayants droit) à les utiliser (ce qui en plus représente une énorme économie pour l'état) et leur permettre de récupérer les droits papier sans formalité, dès qu'aucun droit d'auteur n'est versé durant deux années.

L'exclusion des aides, bourses et avantages divers au motif d'auto-édition doit devenir illégale. Exemple le *"l'auteur doit avoir publié au moins un livre à compte d'éditeur (sous forme imprimée)."* du Centre Régional des Lettres de la Région Midi-Pyrénées dans les *critères d'attribution des bourses d'écriture.*

Pour la distribution des livres en papier, le système actuel peut-il permettre aux écrivains indépendants de figurer sur les tables des libraires, tables qui ne sont déjà pas assez grandes pour exposer correctement et durablement l'ensemble de la production des installés ? (plus de 6000 livres publiés rien que chez Hachette chaque année, sur un total dépassant désormais 70 000 au dépôt légal) Même s'ils ne sont pas présents, qu'ils figurent parmi les œuvres en commande possible : toute base professionnelle (Electre est naturellement la cible, ce répertoire refusant les auto-édités), devra référencer tout livre possédant un numéro d'ISBN. Seul Amazon semble avoir la volonté de vendre le livre auto-édité (même en papier) comme son homologue sorti des éditeurs distribués (via Createspace). Hachette a également développé une solution d'impression à la demande, avec entrée dans le même circuit que les livres disponibles sur sa plateforme de distribution. Cette solution est ouverte, proposée, dixit Arnaud Nourry, à l'ensemble de ses confrères. La loi peut exiger que tout opérateur fournissant un service d'impression à la demande, permette à l'ensemble des éditeurs de s'y connecter sans droits d'entrée, avec une marge « conformes aux usages de la profession », donc non confiscatoire. L'auteur-éditeur étant juridiquement un éditeur, il pourrait ainsi proposer ses livres en impression à la demande à l'ensemble des points de vente (techniquement très facile : un PDF imprimeur suffit pour l'impression numérique donc l'ajout des livres auto-édités dans ce circuit ne représente aucune charge réelle autre que la fourniture d'un code d'accès et la conservation sur support numérique d'un fichier de quelques mégas ; le fonctionnement avec une marge sur les ventes est donc économiquement justifié, sans droit d'entrée, cette technique qui exclut les vrais indépendants). Cette version 2 du manifeste existe ainsi en papier.

Il s'agit d'obtenir une reconnaissance réelle du statut d'auteur-éditeur (profession libérale actuellement assujettie... comme une profession libérale mais inexistante pour les élus auxquels nous avons donné un pouvoir de subventionner aboutissant à une concurrence déloyale quand il est utilisé uniquement pour une partie des professionnels d'un secteur ; des auteurs-éditeurs peuvent avoir opté pour le statut d'auto-entrepreneur). Le statut d'auteur-éditeur doit ouvrir aux mêmes droits que celui d'un éditeur signant des contrats d'édition.

Partout où il est question d'écrivains, il ne doit plus être possible de refuser l'indépendant au motif de son statut. Seule une évaluation objective de l'œuvre peut lui être opposée...

ce qui se pratique déjà pour les subventions, bourses et autres aides attribuées aux écrivains inféodés des éditeurs membres du SNE. Non ? D'autres critères prédominent ? Tels le copinage, les relations, la carte politique ?
Nous demandons la justice là où règnent le système, le clan, l'opacité, le partage entre inféodés.

Balzac, dans sa lettre adressée aux écrivains français du XIXe siècle, notait « ...*Ah ! si notre voix pouvait être entendue... Messieurs, nous avons attaqué une question qui touche à bien des intérêts, qui peut froisser des amours-propres...* »

Certains prétendront que ses justes exigences n'avaient rien de commun avec les nôtres. Ils se trompent. L'auteur affronte son siècle.
Certains acceptent le pouvoir des installés, d'autres essayent de combattre les injustices, informent pour essayer de faire changer les lois.

Comme Balzac lança la nécessité pour les écrivains de s'organiser en "société" (ce qui donna naissance à la société des gens de lettres, sur laquelle deux siècles plus tard nous ne pouvons pas compter, sauf à ce qu'elle se retourne)...

« *Ce mot société est une transition naturelle pour arriver aux moyens de défense que nous croyons avoir trouvés ; et qu'il est urgent d'employer contre les oppressions légales, contre les oppressions de l'étranger, contre les oppressions intimes que nous signalons.* »
Il devient nécessaire pour les écrivains indépendants de s'organiser. Contre les oppressions légales, commerciales, franco-françaises.

« *Non, le gouvernement ne fera rien* » constatait réaliste, celui qui n'avait pas encore écrit les *Illusions perdues*. Non, ce gouvernement, comme le précédent, comme le suivant, ne fera rien avant que nous représentions un réel poids.

« *Non, le gouvernement ne fera rien. Le gouvernement actuel, fils de la presse, est heureux de cet état de choses, et le prolongera s'il le peut : son inertie en est la preuve* » expliquait Balzac.

Il en concluait : « *notre salut est en nous-mêmes.* » Ecrivains réveillez-vous, j'ai lancé mi 2012. Pour l'instant sans effet.

Il me semble donc du plus haut intérêt que nous, écrivains indépendants, malgré notre diversité, nos nombreux désaccords, nous

nous assemblions, formions une société, comme les éditeurs et les libraires ont formé la leur. Un syndicat si vous le préférez.

Et je conclurai comme ce cher Honoré : *"L'auteur de cette lettre connaît assez le monde pour ne pas avoir la prétention de vous imposer ses idées, mais de vous les exposer, afin qu'elles en fassent naître de meilleures."*

http://www.auto-edition.pro tente dès ce jour de mettre en relation les bonnes volontés pour la création de cette société, ce syndicat...

En 2012, de nombreux doutes ont failli me retenir de lancer cette possibilité... en 2013, la voie syndicale m'apparaît quasi improbable mais la porte reste ouverte. Un projet me fut présenté, avec des frais d'inscription de 365 euros et une année de cotisation à 265 euros ! Montants disproportionnés avec la réalité économique des auteurs-éditeurs... Cotisation à un taux de 0,033 % du chiffre d'affaire annuel mais avec un minimum de 265 euros, ce qui correspond à 800 000 euros de CA à ce taux !... Quant aux frais d'inscription, même le SNE ne les pratique pas... Il suffirait, à ce rythme, de quelques membres pour payer un salarié à plein temps ! En même temps, comme mon interlocuteur, mes espoirs d'un mouvement de masse sont limités... J'observe donc...

Stéphane Ternoise

Stéphane Ternoise

Stéphane Ternoise est né en 1968. Il publie depuis 1991. Il est depuis son premier livre éditeur indépendant.

Dès 2004, il a proposé des livres numériques, en PDF. Mais c'est en 2011 seulement que les ventes dématérialisées ont démarré. Son catalogue numérique (depuis mi 2011 distribué par Immateriel) a ainsi rapidement dépassé celui du papier, grâce à des essais, des livres de photos... tout en continuant la lente écriture dans les domaines du théâtre et du roman. Depuis octobre 2013, et son « identifiant fiscal aux États-Unis », son catalogue papier tend à rattraper celui en pixels.
http://www.livrepapier.com ou
http://www.livrepixels.com

Il convient donc, de nouveau, d'aborder l'auteur sous le biais de l'œuvre. Ainsi, pour vous y retrouver, http://www.ecrivain.pro essaye de fournir une vue globale. Et chaque domaine bénéficie de sites au nom approprié :
http://www.romancier.net
http://www.dramaturge.net
http://www.essayiste.net

http://www.lotois.fr

Vous pouvez légitimement vous demander pourquoi un auteur avec un tel catalogue ne bénéficie d'aucune visibilité dans les médias traditionnels. L'écriture est une chose, se faire des amis utiles une autre !

Catalogue (le plus souvent en papier et numérique, parfois uniquement les pixels, le travail de mise en page papier demandant plus de temps que d'heures disponibles)

Romans : (http://www.romancier.net)
Le Roman de la révolution numérique.
Ils ne sont pas intervenus (le livre des conséquences) également en version numérique sous le titre *Peut-être un roman autobiographique*
La Faute à Souchon ? également sous le titre *Le roman du show-biz et de la sagesse (Même les dolmens se brisent)*
Liberté, j'ignorais tant de Toi également sous le titre *Libertés d'avant l'an 2000)*
Viré, viré, viré, même viré du Rmi
Quand les familles sans toit sont entrées dans les maisons fermées

Théâtre : (http://www.theatre.wf)
Théâtre pour femmes
Théâtre peut-être complet
La baguette magique et les philosophes
Quatre ou cinq femmes attendent la star
Avant les élections présidentielles
Les secrets de maître Pierre, notaire de campagne

Deux sœurs et un contrôle fiscal
Ça magouille aux assurances
Pourquoi est-il venu ?
Amour, sud et chansons
Blaise Pascal serait webmaster
Aventures d'écrivains régionaux
Trois femmes et un amour
La fille aux 200 doudous et autres pièces de théâtre pour enfants
« Révélations » sur « les apparitions d'Astaffort »
Brel / Cabrel (les secrets de la grotte Mariette)

Photos : (http://www.france.wf)
Montcuq, le village lotois
Cahors, des pierres et des hommes. Photos et commentaires
Limogne-en-Quercy Calvignac la route des dolmens et gariottes
Saint-Cirq-Lapopie, le plus beau village de France ?
Saillac village du Lot
Limogne-en-Quercy cinq monuments historiques cinq dolmens
Beauregard, Dolmens Gariottes Château de Marsa et autres merveilles lotoises
Villeneuve-sur-Lot, des monuments historiques, un salon du livre... -Photos, histoires et opinions
Henri Martin du musée Henri-Martin de Cahors - Avec visite de Labastide-du-Vert et Saint-Cirq-Lapopie sur les traces du peintre
L'église romane de Rouillac à Montcuq et sa voisine oubliée, à découvrir - Les fresques de Rouillac, Touffailles et Saint-Félix

Livres d'artiste (http://www.quercy.pro)
Quercy : l'harmonie du hasard
Lot, livre d'art
Jésus, du Quercy
Les pommes de décembre
La beauté des éoliennes

Essais : (http://www.essayiste.net)
Le manifeste de l'auto-édition - Manifeste politico-littéraire pour la reconnaissance des écrivains indépendants et une saine concurrence entre les différentes formes d'édition
Écrivains, réveillez-vous ? - La loi 2012-287 du 1er mars 2012 et autres somnifères
Le livre numérique, fils de l'auto-édition
Aurélie Filippetti, Antoine Gallimard et les subventions contre l'auto-édition - Les coulisses de l'édition française révélées aux lectrices, lecteurs et jeunes écrivains
Réponses à monsieur Frédéric Beigbeder au sujet du Livre Numérique (Écrivains= moutons tondus ?)
Comment devenir écrivain ? Être écrivain ? (Écrire est-ce un vrai métier ? Une vocation ? Quelle formation ?...)
Amour - état du sentiment et perspectives

Le guide de l'auto-édition numérique en France (Publier et vendre des ebooks en autopublication)
Copie privée, droit de prêt en bibliothèque : vous payez, nous ne touchons pas un centime - Quand la France organise la marginalisation des écrivains indépendants

Chansons : (http://www.parolier.info)
Chansons trop éloignées des normes industrielles
Chansons vertes et autres textes engagés
Chansons d'avant l'an 2000
Parodies de chansons - De Renaud à Cabrel En passant par Cloclo et Jacques Brel

En chti : (http://www.chti.es)
Canchons et cafougnettes (Ternoise chti)
Elle tiote aux deux chints doudous (théâtre)

Politique : (http://www.commentaire.info)
Ce François Hollande qui peut encore gagner le 6 mai 2012 ne le mérite pas
Nicolas Sarkozy : sketchs et Parodies de chansons

Bernadette et Jacques Chirac vus du Lot - Chansons théâtre textes lotois
Affaire Ségolène Royal - Olivier Falorni Ce qu'il faut en retenir pour l'Histoire - Un écrivain engagé, un observateur indépendant
François Fillon, persuadé qu'il aurait battu François Hollande en 2012, qu'il le battra en 2017

Notre vie (http://www.morts.info)
La trahison des morts : les concessions à perpétuité discrètement récupérées - Cahors, à l'ombre des remparts médiévaux, les vieux morts doivent laisser la place aux jeunes...
Cahors : Adèle et Marie Borie contre Jean-Marc Vayssouze-Faure - Appel à une mobilisation locale et nationale pour sauver les soeurs Borie...

Jeux de société
http://www.lejeudespistescyclables.com
La France des pistes cyclables - Fabriquer un jeu de société pour enfants de 8 à 108 ans
Le bon chemin pour Saint-Jacques-de-Compostelle

Autres :
La disparition du père Noël et autres contes
J'écris aussi des sketchs
Vive les poules municipales... et les poulets municipaux - Réduire le volume des déchets alimentaires et manger des oeufs de qualité

Œuvres traduites :
La fille aux 200 doudous :
- *The Teddy (Bear) Whisperer* (Kate-Marie Glover)
- Das Mädchen mit den 200 Schmusetieren (Jeanne Meurtin)
- Le lion l'autruche et le renard :
- How the fox got his cunning (Kate-Marie Glover)

- Mertilou prépare l'été :
- The Blackbird's Secret (Kate-Marie Glover)

- *La fille aux 200 doudous et autres pièces de théâtre pour enfants (les 6 pièces)*
- La niña de los 200 peluches y otras obras de teatro para niños (María del Carmen Pulido Cortijo)

La couverture

C'était au temps d'avant les sonnettes. La maison Quoirez à Cajarc. Quel rapport avec le sujet ? Une maison du XIXe siècle ! Pas suffisant ? Il s'agit de la maison natale de François Sagan, née en 1935, décédée en 2004.

Ce n'est sûrement pas raisonnable mais j'ai touché ce heurtoir de porte avec émotion, pensant qu'elle avait si souvent, de manière anodine, eut un geste similaire...

Honoré de Balzac
Stéphane Ternoise

7   Présentation

9   Lettre adressée aux écrivains français du XIXe siècle par Honoré de Balzac

47   Lettre aux écrivains français du XXIe siècle par Stéphane Ternoise

61   Stéphane Ternoise

67   La couverture

70   Mentions légales

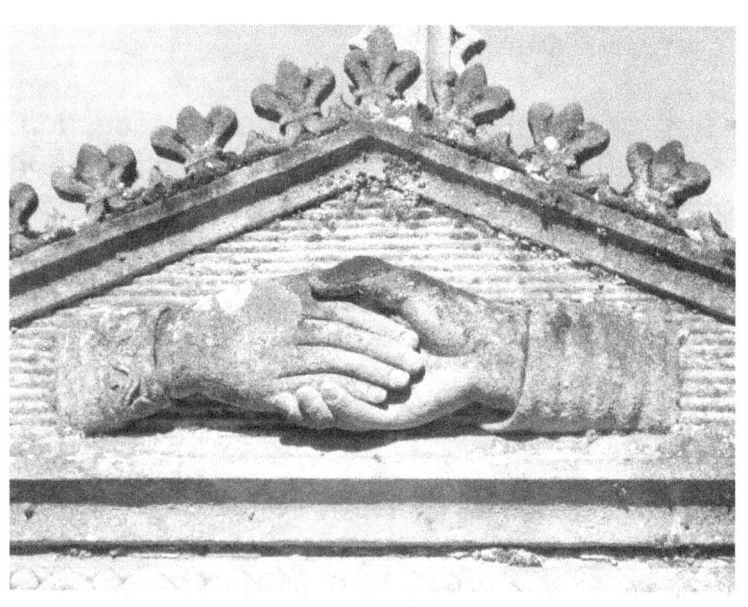

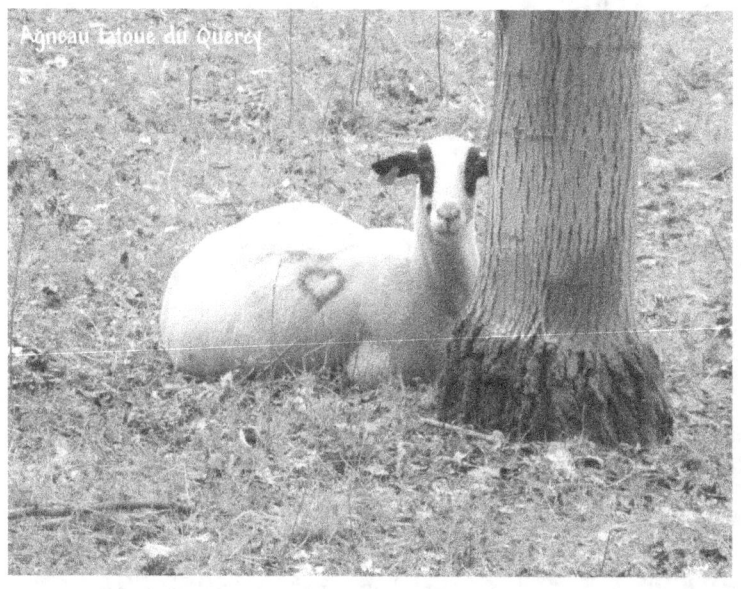
Agneau tatoué du Quercy

Mentions légales

Tous droits de traduction, de reproduction, d'utilisation, d'interprétation et d'adaptation réservés pour tous pays, pour toutes planètes, pour tous univers.

Site officiel : http://www.ecrivain.pro

Dépôt légal à la publication au format ebook du 8 octobre 2012.

Imprimé par CreateSpace, An Amazon.com Company pour le compte de l'auteur-éditeur indépendant.
livrepapier.com

**ISBN 978-2-36541-534-7
EAN 9782365415347**

Lettre adressée aux écrivains français du XIXe siècle par Honoré de Balzac - Lettre aux écrivains français du XXIe siècle par Stéphane Ternoise
© Jean-Luc PETIT - BP 17 - 46800 Montcuq France

www.ingramcontent.com/pod-product-compliance
Lightning Source LLC
Chambersburg PA
CBHW050016230526
45470CB00003B/986